BEI GRIN MACHT SICH IHR WISSEN BEZAHLT

- Wir veröffentlichen Ihre Hausarbeit, Bachelor- und Masterarbeit

- Ihr eigenes eBook und Buch - weltweit in allen wichtigen Shops

- Verdienen Sie an jedem Verkauf

Jetzt bei www.GRIN.com hochladen und kostenlos publizieren

Bibliografische Information der Deutschen Nationalbibliothek:

Die Deutsche Bibliothek verzeichnet diese Publikation in der Deutschen National-
bibliografie; detaillierte bibliografische Daten sind im Internet über http://dnb.d-
nb.de/ abrufbar.

Dieses Werk sowie alle darin enthaltenen einzelnen Beiträge und Abbildungen
sind urheberrechtlich geschützt. Jede Verwertung, die nicht ausdrücklich vom
Urheberrechtsschutz zugelassen ist, bedarf der vorherigen Zustimmung des Verla-
ges. Das gilt insbesondere für Vervielfältigungen, Bearbeitungen, Übersetzungen,
Mikroverfilmungen, Auswertungen durch Datenbanken und für die Einspeicherung
und Verarbeitung in elektronische Systeme. Alle Rechte, auch die des auszugsweisen
Nachdrucks, der fotomechanischen Wiedergabe (einschließlich Mikrokopie) sowie
der Auswertung durch Datenbanken oder ähnliche Einrichtungen, vorbehalten.

Impressum:

Copyright © 2018 GRIN Verlag
Druck und Bindung: Books on Demand GmbH, Norderstedt Germany
ISBN: 9783346032744

Dieses Buch bei GRIN:

https://www.grin.com/document/502310

Verena Hadek

Trainingsplanung für ein Ausdauertraining

GRIN Verlag

GRIN - Your knowledge has value

Der GRIN Verlag publiziert seit 1998 wissenschaftliche Arbeiten von Studenten, Hochschullehrern und anderen Akademikern als eBook und gedrucktes Buch. Die Verlagswebsite www.grin.com ist die ideale Plattform zur Veröffentlichung von Hausarbeiten, Abschlussarbeiten, wissenschaftlichen Aufsätzen, Dissertationen und Fachbüchern.

Besuchen Sie uns im Internet:

http://www.grin.com/

http://www.facebook.com/grincom

http://www.twitter.com/grin_com

Deutsche Hochschule für
Prävention und Gesundheitsmanagement
Hermann Neuberger Sportschule 3
66123 Saarbrücken

Einsendeaufgabe

Fachmodul:	Trainingslehre II
Studiengang:	BGM
Datum Präsenzphase:	22.5.18-24.05.18
Name, Vorname:	Hadek, Verena
Studienort:	**München**
Semester:	**SS17**

Inhaltsverzeichnis

1 Diagnose

Im Folgenden wird ein Trainingsplan für ein Ausdauertraining einer beliebigen fiktiven Person erstellt. Die Kundin wird zunächst vorgestellt, im Anschluss wird der gewählte Ausdauertest beschrieben und daraufhin der Leistungs- und Gesundheitszustand der Person bewertet.

1.1 Allgemeine und biometrische Daten

Tabelle 1:Allgemeine Daten des Kunden (eigene Darstellung, 2018)

Allgemeine Daten zur Person	
Alter	40
Geschlecht	weiblich
Körpergröße	175 cm
Körpergewicht	82kg
Trainingsmotive	- Verbesserung der allgemeinen Fitness - Gewichtsreduktion - Förderung der Gesundheit
Berufliche Tätigkeit	Bankkauffrau
Frühere sportliche Aktivitäten	Zumba 1 mal wöchentlich 45 Minuten
Aktuelle sportliche Aktivitäten	- Gelegentliches Fahrradfahren am Wochenende (Outdoor)
Zeitliche Verfügbarkeit	3-4 mal pro Woche jeweils 60 Minuten

Tabelle 2:Biometrische Daten der Person (eigene Darstellung, 2018)

Biometrische Daten der Person	
Blutdruck	145/95 mmHG
Ruhepuls	75 S/min
Body-Mass-Index	26,78 kg/m²
Orthopädische Beschwerden	Keine
Internistische Beschwerden	Keine
Ärztliche Behandlung	Ja, erhöhter Blutdruck durch Arzt diagnostiziert
Medikamenteneinnahme	Keine
Sonstige Einschränkungen	Keine

Wie aus der obigen Tabelle 1 zu entnehmen ist, handelt es sich bei der Person um eine 40- jährige Frau, die als Bankkauffrau einer hauptsächlich sitzenden Tätigkeit in ihrem Berufsalltag nachgeht. Ihre Sportliche Aktivität beschränkt sich auf gelegentliches Fahrradfahren am Wochenende. Zu früheren Zeiten besuchte die Person einmal wöchentlich einen Zumba- Kurs. Mit dem Ausdauertraining möchte die Frau ihre allgemeine Fitness verbessern, ihr Gewicht reduzieren und ihre Gesundheit fördern. Für ihr Training hat sie 3- 4 Mal die Woche jeweils bis zu 60 Minuten lang Zeit.

Tabelle 3: Einteilung der Blutdruck- Normwerte laut WHO (modifiziert nach www.blutdruckdaten.de)

	Systolisch (mmHG)	Diastolisch (mmHG)
Optimaler Blutdruck	<120	<80
Normaler Blutdruck	120 – 129	80 – 84
Hoch- normaler Blutdruck	130 – 139	85 – 89
Milde Hypertonie (Stufe 1)	140 – 159	90 – 99
Mittlere Hypertonie (Stufe 2)	160 – 179	100 – 109
Schwere Hypertonie (Stufe 3)	>= 180	>= 110

Vergleicht man den Blutdruck der Frau (145/95 mmHG) mit den Normwerten aus Tabelle 3, lässt sich feststellen, dass der Blutdruck im Bereich Hypertonie Stufe 1 liegt. Die Kundin soll deshalb auf Anraten des Arztes hin, mit einem Ausdauertraining beginnen, um seinen Blutdruck zu senken. Es gibt keinerlei Bedenken in Bezug auf den Ausdauertest und das Training, solang die Herzfrequenz nicht im maximalen Bereich liegt. Die Ruheherzfrequenz liegt mit 75 S/min im Normbereich 60-80 S/min (vgl. Tab.4). Sonstige orthopädische und internistische Einschränkungen sind nicht bekannt und die Kundin nimmt auch keine Medikamente ein.

Tabelle 4: Normwerte des Ruhepulses (modifiziert nach www.cora.health.de, 2018)

Alter	Pulsschläge pro Minute
Senioren	80 – 85
Erwachsene	60 – 80
14 Jahre	85
10 Jahre	90
4 Jahre	100
2 Jahre	120
0 Jahre	140

Tabelle 5: Einteilung des BMI nach WHO (modifiziert nach adipositas-gesellschaft.de)

Kategorie	BMI	Unterteilung
Untergewicht	<18,5 kg/m²	Niedrig
Normalgewicht	18,5- 24,9 kg/m²	Durchschnittlich
Übergewicht	≥25 kg/m²	
Präadipositas	25- 29,9 kg/m²	Gering erhöht
Adipositas Grad I	30- 34,9 kg/m²	Erhöht
Adipositas Grad II	35- 39,9 kg/m²	Hoch
Adipositas Grad III	≥ 40 kg/m²	Sehr hoch

Der Body-Mass-Index, der das Körpergewicht (in Kilogramm) der Körpergröße (in Metern) ins Verhältnis setzt, liegt bei der Kundin bei 26,78 kg/m² und liegt somit laut WHO im präadipösen Bereich (vgl. Tab.5).

1.2 Leistungsdiagnostik/Ausdauertestung

Für die Kundin ist als Ausdauertest ein IPN-Test auf dem Fahrradergometer vorgesehen. Bevor dieser Test durchgeführt wird, wird die Belastbarkeit der Frau eingestuft. Für diese Einstufung spielen Alter, Geschlecht, die Ruheherzfrequenz, und das Trainingsalter eine Rolle. Die 40- jährige Frau mit der Ruheherzfrequenz von 75 S/min hat in ihrem Alltag keinerlei sportliche Aktivität integriert und kann somit als untrainiert eingestuft werden. Basieren auf dieser Voreinstufung wird nun die individuelle Zielherzfrequenz der Frau festgelegt. Sobald dieser Wert erreicht ist, wird der Test sofort beendet.

Tabelle 6: Voreinstufung nach Ruheherzfrequenz und Lebensalter (modifiziert nach Trunz, 2001;IPN,2004)

Alter HFRuhe	<20	20-29	30-39	40-49	50-59	60-69	>70
>50	140 S/min	135 S/min	130 S/min	125 S/min	115 S/min	110 S/min	105 S/min
50-59	145 S/min	140 S/min	135 S/min	125 S/min	120 S/min	115 S/min	110 S/min
60-69	145 S/min	145 S/min	135 S/min	130 S/min	125 S/min	120 S/min	115 S/min
70-79	150 S/min	145 S/min	140 S/min	135 S/min	130 S/min	125 S/min	120 S/min
80-89	155 S/min	150 S/min	145 S/min	140 S/min	135 S/min	125 S/min	125 S/min
>90	160 S/min	155 S/min	150 S/min	145 S/min	135 S/min	130 S/min	125 S/min

Tabelle 7:Voreinstufung nach Trainingszustand in Bezug auf Ausdauertraining(modifiziert nach Trunz, 2001; IPN, 2004)

Trainingszustand	Trainingshäufigkeit pro Woche	Stunden/ Woche	Pulsaufschlag
Kein Ausdauertraining	Kein Mal	0 Stunden	Kein Aufschlag
Wenig Ausdauertraining	1-2 x	< 1 Stunde	Kein Aufschlag
Moderat Ausdauertraining	2-3 x	1-2 Stunden	Plus 5 S/min
Viel Ausdauertraining	3-4-x	2-4 Stunden	Plus 10 S/min
Sehr viel Ausdauertraining	> 4 x	> 4 Stunden	Plus 15 S/min

Anhand der beiden obigen Tabellen lässt sich nun die Ziehherzfrequenz der Kundin für den Ausdauertest festlegen. Die 40-jährige Frau liegt mit einem Ruhepuls von 75 in der Tabelle bei 135 S/min (orangenes Feld). Da die Kundin keine regelmäßige Ausdauersporteinheit im Alltag absolviert erhält die Zielherzfrequenz von 135 S/min auch keinen Pulsaufschlag.

Als nächster Schritt wird nun das Belastungsschema festgelegt. Wie man an den beiden Tabellen über die allgemeinen und biometrischen Daten und dem Trainingszustand der Kundin einsehen kann, zählt die Frau zu den leistungsschwachen Personen und wird deshalb den Ausdauertest nach dem Belastungsschema der WHO durchführen.

Der gewählte Ausdauertest der WHO ist ein submaximaler Fahrradergometer- Stufentest. Die Eingangsbelastung beträgt 25 Watt und wird alle 2 Minuten (Stufendauer) um 25 Watt erhöht. Die Umdrehungszahl soll über den gesamten Zeitraum des Tests zwischen 60 und 80 Umdrehungen pro Minute liegen. Sobald die Kundin die Zielherzfrequenz, die vorher anhand Tabelle 6 & 7 festgelegt wurde, erreicht, ist der Test beendet. Ausschlaggebend ist nun die Wattanzahl der Belastungsstufe, die die Frau zuletzt durchfahren hat. Sollte die Zielherzfrequenz schon vor Ende der jeweiligen Belastungsstufe erfolgen, wir nur die Hälfte der Wattanzahl angerechnet (Interpolation). Um nun die relative Wattleistung zu erhalten, wird die erbrachte Leistung (Wattanzahl) durch das

Körpergewicht geteilt. Die ermittelte Watt- Leistung wird daraufhin mit der geschlechtsspezifischen Norm-Soll- Tabelle verglichen, um den Belastungsfaktor und die Trainingsherzfrequenz für das Ausdauertraining abzuleiten (IPN Köln, 2004, S.7).

Tabelle 8: Durchführung des Ausdauertests mit der Kundin auf dem Fahrradergometer (eigene Darstellung, 2018)

Zeit (in Min)	Wattanzahl	Herzfrequenz 1	Herzfrequenz 2
0 – 2	25	85	94
2 – 4	50	99	106
4 – 6	75	110	118
6 – 8	100	123	130
8 – 10	125	135	
Wattanzahl gesamt	106		
Watt/kg Körpergewicht	1,29 Watt/kg		

Das Endergebnis des Tests aus Tabelle 8 beträgt 1,29 Watt/kg Körpergewicht. Wenn man diesen Wert nun mit der folgenden Tabelle 9 vergleicht, lässt sich feststellen, dass die Kundin eine unterdurchschnittliche Leistung erbracht hat. Ihr wird als Belastungsfaktor die Zahl 0,57 zugeordnet.

Tabelle 9:Ausschnitt aus der relativen Watt-Soll -Leistungs-Tabelle für Frauen(modifiziert nach IPN, Köln, 2004)

Alter / Faktor	< 30	30-34	35-39	40-44	45-49	50-54	55-60	>60	Bewertung
0,54	1,35	1,28	1,22	1,15	1,08	1,01	0,95	0,88	☹☹
0,55	1,40	1,33	1,26	1,19	1,12	1,05	0,98	0,91	☹
0,56	1,45	1,38	1,31	1,23	1,16	1,09	1,02	0,94	☹
0,57	**1,50**	**1,43**	**1,35**	**1,28**	**1,20**	**1,13**	**1,05**	**0,98**	**☹**
...	...	...	...	...	...	...	...	...	...
0,6	1,70	1,62	1,53	1,45	1,36	1,28	1,19	1,11	Ø
0,61	1,80	1,71	1,62	1,53	1,44	1,35	1,26	1,17	Ø

1.3 Gesundheits- und Leistungsstatus der Person

Bei der zu Beginn erfolgten Datensammlung der Kundin, kann festgestellt werden, dass der Gesundheitszustand nicht optimal ist. Mit dem BMI von 26,78 kg/m² liegt die Frau im präadipösen Bereich. Ebenfalls negativ ist die geringe Verbindung zum Sport, da die Kundin keine regelmäßige sportliche Aktivität durchführt. Wichtig zu erwähnen ist vor Allem der erhöhte Blutdruck, der sich im Bereich Hypertonie I befindet. Im Hypertonie 1- Bereich ist allerdings eine Sportausübung ohne Einschränkung möglich (Hoffmann, 2001, S.20). Die Kundin ließ sich deshalb sicherheitshalber, das geplante Ausdauertraining von einem Arzt bestätigen. Aufgrund des durchgeführten Ausdauertest kann man erkennen, dass der Leistungsstand der Kundin im unteren Bereich liegt und die Frau als untrainiert bzw. als Beginner eingestuft werden kann. In Bezug auf die Belastbarkeit, sollte ein leichtes bis moderates Ausdauertraining geplant werden, und auf sehr starke Belastungen im Bereich der maximalen Herzfrequenz verzichtet werden.

2 Zielsetzung/Prognose

Bei diesem Schritt gilt es mit der Kundin aus den von ihr genannten Trainingsmotiven, Ziele abzuleiten. Dabei ist darauf zu achten, die Ziele so zu formulieren, dass sie erreichbar sind. Damit die Kundin stets motiviert bleibt, werden die Hauptziele auch in Teilzielen dargestellt.

Das erste gesundheitsbezogene Ziel der Kundin beinhaltet eine Gewichtsreduktion, um ihren BMI-Wert in den Normbereich zu bringen. Mit 26,78kg/m2 liegt der BMI momentan im Bereich Präadipositas. Das Ziel ist innerhalb von 12 Wochen 6kg Gewicht zu verlieren, um den BMI Wert auf 24,82 kg/m² zu senken, welcher dann im Normalbereich liegt (vgl. Tabelle 5). Als Teilziel werden die 6kg/12 Wochen auf jeweils 2kg/4 Wochen festgelegt (siehe Tabelle 10). Das Körpergewicht wurde im Rahmen des Eingangsgespräches und wird alle 4 Wochen und nach den 12 Wochen mithilfe einer Personenwaage gemessen.

Tabelle 10:Hauptziel 1 und Teilziel 1 der Kundin (eigene Darstellung, 2018)

	Inhalt	Ausmaß	Zeit
Hauptziel	Körpergewicht reduzieren	6 kg	12 Wochen
Teilziel	Körpergewicht reduzieren	2 kg	4 Wochen

Als zweites Ziel wird die Senkung des Blutdrucks systolisch und diastolisch um jeweils 6 mmHG. Erfahrungen haben gezeigt, dass der Blutdruck innerhalb eines 12-wöchigen Ausdauertrainings systolisch um 5-10 mmHG und diastolisch um 5-8 mmHG je nach Hypertonie Grad gesenkt werden können. Da die Frau im Hypertonie 1- Bereich liegt, wird das Ziel mit 6 mmHg niedrig gehalten, damit die Frau nicht an Motivation verliert. Als Teilziel wird hier eine Senkung des Blutdrucks systolisch und diastolisch um jeweils 2 mmHg/ 4 Wochen festgesetzt. Der Blutdruck der Kundin wurde beim Eingangsgespräch und wird alle 4 Wochen und am Ende des 12-wöchentlichen Trainings mit einem Blutdruckgerät gemessen.

Damit die Kundin Ziel 1 und 2 erreicht bekommt sie außerdem einen geeigneten Ernährungsplan zur Seite gestellt. Durch eine Gewichtsreduktion, eine Ernährungsumstellung und körperliche Anstrengung durch das Ausdauertraining, kann das Zielausmaß innerhalb der 12 Wochen erreicht werden.

Tabelle 11:Hauptziel 2 und Teilziel 2 der Kundin (eigene Darstellung, 2018)

	Inhalt	Ausmaß	Zeit
Hauptziel	Senkung des Blutdrucks	Systolisch: 6 mmHg Diastolisch: 6 mmHg	12 Wochen
Teilziel	Senkung des Blutdrucks	Systolisch: 2 mmHg Diastolisch: 2 mmHg	4 Wochen

Das dritte gesundheitsbezogene Ziel beinhaltet die Senkung der Ruheherzfrequenz um 12 Schläge in 12 Wochen. Damit würde sich der Ruhepuls der Kundin von 75 S/min auf 63 S/min verringern. Durch eine Senkung, würde sich das Herz etliche Schläge pro Jahr einsparen und so positiv zur Gesundheit und Lebensdauer des Herzens beitragen. Die Messungen fanden im Eingangsgespräch und finden jeweils nach 4 Wochen und am Ende der 12 Wochen statt.

Tabelle 12: Hauptziel 3 und Teilziel 3 der Kundin (eigene Darstellung, 2018)

	Inhalt	Ausmaß	Zeit
Hauptziel	Senkung des Ruhepulses	12 S/min	12 Wochen
Teilziel	Senkung des Ruhepulses	2 S/min	4 Wochen

3 Trainingsplanung Mesozyklus

Im Folgenden wird der erste Mesozyklus der Kundin über 6 Wochen tabellarisch darge-stellt und im Nachhinein kurz erläutert.

3.1 Grobplanung Mesozyklus

Tabelle 13: Grobplanung Mesozyklus über 6 Wochen Ausdauertraining (eigene Darstellung, 2018)

Dauer	6 Wochen
Trainingszielsetzung	Aufbau & Stabilisierung der Grundlagenausdauer 1, Entwicklung der Grundlagenausdauer 2
Trainingsumfang/Woche	60min – 140min
Trainingsmethoden	Extensive Dauermethode, Variable Dauermethode, Intensive Dauermethode
Belastungsintensität	- EDM: 60 – 75% HFmax - VDM: 60 – 85% HFmax • extensiv: 60 – 75% HFmax • intensiv: 75 – 85% HFmax - IDM: 80- 85% HFmax - Regenerativ (REKOM): 50 -60% HFmax
Trainingshäufigkeit/Woche	3 - 4 mal
Dauer/Trainingseinheit	20 – 35 min
Trainingsgeräte	Fahrradergometer, Crosstrainer

Der in Tabelle 13 dargestellte Mesozyklusplan enthält die ersten 6 Wochen Ausdauertraining der Frau und beinhaltet die Ziele Aufbau und Stabilisierung der Grundlagenausdauer 1 und die Entwicklung der Grundlagenausdauer 2. Als Trainingsmethoden werden die extensive, variable und intensive Dauermethode verwenden, wobei dazwischen auch mehrfach Regenerationseinheiten eingebaut sind. Da die Kundin angegeben hat 3- 4 Mal die Woche für ihr Training Zeit zu haben, wurde dies auch so übernommen. Die Dauer der einzelnen Trainingseinheiten liegt zwischen 20 – 35 Minuten, damit sich die Kundin erst an das Training gewöhnen kann. Das Ausdauertraining wird auf einem Fahrradergometer und einem Crosstrainer absolviert.

3.2 Detailplanung Mesozyklus

Tabelle 14: Detailplanung Mesozyklus Woche 1 und 2 (eigene Darstellung, 2018)

	Woche 1			Woche 2			
Tag	MO	MI	FR	MO	MI	FR	SO
Ziel	Hinfüh-rung zu GA1 Aufbau	Hinfüh-rung zu GA1 Aufbau	Hinfüh-rung zu GA1 Aufbau	Hinfüh-rung zu GA1 Aufbau	Rege-nerati-on	Hinfüh-rung zu GA1 Aufbau	Hinfüh-rung zu GA1 Aufbau
Metho-de	EDM	EDM	EDM	VDM	RE-KOM	EDM	EDM
Intensi-tät	60- 70% HFmax	60- 70% HFmax	60- 70% HFmax	**60-75% HFmax** Ext: 60 – 70% HF max Int.: 70-75% HFmax	50-60% HFmax	60- 70% HFmax	60- 70% HFmax
Trai-nings HF	108-126 S/min	108-126 S/min	108-126 S/min	**108- 135 S/min 5:5** *EXT:* *108- 126 S/min* *INT:* *126- 135 S/min*	90- 108 S/min	108- 126 S/min	108- 126 S/min
Dauer	20min	20min	20min	20min **5:5**	20min	20min	20min
Gerät	Cross-trainer	Ergo-meter	Cross-trainer	Cross-trainer	Ergo-meter	Cross-trainer	Ergome-ter

Tabelle 15: Detailplanung Mesozyklus Woche 3 und 4 (eigene Darstellung, 2018)

	Woche 3				Woche 4			
Tag	MO	MI	FR	SO	MO	MI	FR	SO
Ziel	Hinführung zu GA1 Aufbau	Regeneration	Hinführung zu GA1 Aufbau	Hinführung zu GA1 Aufbau	GA1 Aufbau	GA1 Aufbau	Regeneration	GA1 Aufbau
Methode	VDM	RE-KOM	EDM	EDM	EDM	VDM	RE-KOM	EDM
Intensität	60-75% HFmax Ext: 60 – 70% HF max Int.: 70-75% HFmax	50-60% HFmax	60-70% HFmax	60-70% HFmax	60-70% HFmax	60-75% HFmax Ext: 60-70% HF max Int.: 70-75% HF max	50-60% HF max	60-70% HF max
Tr-HF	108- 135 S/min EXT: 108- 126 S/min INT: 126- 135 S/min	90- 108 S/min	108-126 S/min	108-126 S/min	108-126 S/min	108- 135 S/min EXT: 108- 126 S/min INT: 126- 135 S/min	90- 108 S/min	108-126 S/min
Dauer	25min 5:5	25min	25min	25min	30 min	30 min 5:5	30 min	30 min
Gerät	Crosstr.	Ergom.	Crosstr.	Ergom.	Ergom.	Crosstr.	Ergom.	Cross tr.

Tabelle 16: Detailplanung Mesozyklus Woche 5 und 6 (eigene Darstellung, 2018)

	Woche 5				Woche 6			
Tag	MO	MI	FR	SO	MO	MI	FR	SO
Ziel	GA1 Aufbau	Regeneration	GA1 Aufbau	Regeneration	GA1 Aufbau/Stabi. & Entwicklung GA2	Regeneration	GA1 Aufbau/ Stabi.	GA1 Aufbau/ Stabi.
Methode	VDM	RE-KOM	EDM	RE-KOM	IDM	RE-KOM	EDM	EDM
Intensität	**60-75% HFmax** Ext: 60-70% HF max Int.: 70-75% HF max	50-60% HFmax	60-70% HF max	50-60% HFmax	75-80% HFmax	50-60% HF max	60-70% HF max	60-70% HF max
Tr-HF	**108- 135 S/min** _EXT_: _108- 126 S/min_ _INT_: _126- 135 S/min_	90- 108 S/min	108- 126 S/min	90- 108 S/min	135- 144 S/min	90- 108 S/min	108- 126 S/min	108- 126 S/min
Dauer	35min **5:5**	30min	35min	30min	25min	30min	30min	30min
Gerät	Ergom.	Crosstr.	Ergom.	Crosstr.	Crosstr.	Ergom.	Crosstr.	Ergom.

15

3.3 Begründung zum Mesozyklus

Um einen optimalen Trainingsreiz zu gewährleisten, sollte die Intensität eines Ausdauertrainings bei mindestens 60% der maximalen Herzfrequenz liegen. Leistungsschwächere Personen, sollten zu Beginn zunächst zwischen 60 -70% der HFmax trainieren (ACSM, 2006a, S.141). Die Trainingsherzfrequenzen der Frau wurden mit der ACSM-Methode errechnet (ACSM, 2006b, S.341) und diese lautet:

Trainingsherzfrequenz = HFmax x Intensität in %

Um die maximale Herzfrequenz zu ermitteln wurde diese Formel gewählt:

HFmax = 220 – LA

Als maximale Herzfrequenz wurde also bei der 40- jährigen Frau der Wert 180S/min errechnet. Anhand dieses Wertes wurden die jeweiligen Trainingsherzfrequenzen für den gesamten Mesozyklus ermittelt.

3.3.1 Begründung zum wöchentlichen Belastungsumfang:

Da die Kundin im Eingangsgespräch angegeben hat 3- 4 Mal pro Woche Zeit für ein Ausdauertraining zu haben startet der Umfang in der ersten Woche bei 3 Einheiten und wird in der zweiten Woche auf 4 Einheiten erhöht. Da die Frau in der ersten Woche bereits 3 Einheiten á 20 Minuten durchführt startet sie mit dem Minimalprogramm (Zintl & Eisenhut, 2009, S.137). Die wöchentlichen Trainingsumfänge werden ab der zweiten Woche nicht mehr gesteigert, sondern nur noch der Umfang der einzelnen Trainingseinheiten. In Woche 4 führt die Kundin die Trainingseinheiten jeweils 30 Minuten lang durch und befindet sich damit im Aufbau der Grundlagenausdauer (Hottenrott, 2006, S.64ff.). Die Umfänge in den Wochen 5 und 6 werden an die Intensität der Ausdauermethoden angepasst, da die Kundin als Beginner eingestuft wurde und deshalb langsam an die Belastungen herangeführt werden soll.

3.3.2 Begründung zu den ausgewählten Trainingsmethoden

Die Kundin startet in der ersten Woche mit der extensiven Dauermethode, da diese besonders für leistungsschwächere Personen geeignet ist (Hottenrott, 2006, S.64ff.). Die Intensität bleibt im gesamten Mesozyklus konstant, wobei als Trainingseffekte vor Allem eine verbesserte Ökonomisierung des Herz-Kreislaufsystems, eine verbesserte Durchblutung sowie eine Verbesserte Fettverbrennung gewährleistet werden können (Zintl & Eisenhut, 2009, S. 119). Die variable Dauermethode wird ab Woche 2 eingesetzt um einerseits Motivationseinbrüche vorzubeugen und andererseits, da sie auch die Laktatkompensation verbessert und somit dazu beiträgt, dass die Kundin für einen längeren Zeitraum höhere Intensitäten bewältigen kann und somit ihre Leistungsfähigkeit für höhere Ebenen ausdehnt. Die intensive Dauermethode wird erst ab der 6. Woche integriert, da es in den ersten Wochen noch zu früh für diese Intensitäten wäre.

3.3.3 Begründung zur Belastungsprogression

Die progressive Belastungssteigerung wird in diesem Mesozyklus nur durch die Häufigkeit und die Trainingsumfänge angewandt. Eine Steigerung der Intensitäten sollte erst erfolgen, wenn die Kundin einzelne Trainingseinheiten über mindestens 45 Minuten am Stück durchführen kann. Erst ab dann sollte man die Intensitäten langsam Steigern.

3.3.4 Begründung zu den angesteuerten Trainingsbereichen

Die Kundin wird in den ersten 3 Wochen an den Aufbau der Grundlagenausdauer 1 herangeführt um sich an das Training zu gewöhnen. Die Grundlagenausdauer 1 ist eine wichtige Basis für das Ziel der Gewichtsreduktion der Kundin, denn dadurch wird der Fettstoffwechsel verbessert (siehe Abschnitt 3.1.1), was dazu beiträgt im nächsten Mesozyklus in höheren Intensitäten mehr Kalorien bei den Einheiten zu verbrennen.

3.3.5 <u>Begründung der ausgewählten Ausdauergeräte</u>

Aufgrund der biometrischen Daten der Kundin und der Tatsache, dass Sie vorher sehr wenig Sport betrieben hat wurden als Ausdauergeräte das Fahrradergometer und ein Crosstrainer festgelegt. Bei beiden Geräten liegt der Schwierigkeitsgrad in der Koordination zwischen niedrig und mittel. Sehr wichtig ist vor Allem, dass die Frau keine intensiven Belastungen auf dem Fahrradergometer durchführt, da die Blutdruckbelastung auf diesem Gerät zu hoch ist. Es werden ausschließlich Regenerations- Einheiten oder die extensive Dauermethode auf dem Ergometer absolviert. Da der cardiopulmonare Effekt auf dem Crosstrainer höher ist, weil mehr Muskelpartien bewegt werden, kann die Frau darauf höhere Intensitäten absolvieren, wie es bei der variablen und intensiven Dauermethode der Fall ist. Ein weiterer Grund für den Crosstrainer ist der erhöhte Kalorienverbrauch, damit die Kundin ihrem Ziel der Gewichtsreduktion dadurch näher kommt. Im nächsten Zyklus könnte man noch ein weiteres Gerät integrieren, um die Motivation noch höher zu halten.

4 Literaturrecherche

Im Folgenden werden zwei Tabellen über Studien mit dem Thema Effekte des Ausdauertrainings bei arterieller Hypertonie dargestellt.

Tabelle 17: Studie zum Thema Auswirkungen von aerobem Training der oberen Extremitäten auf Herz und Gefäße bei Bluthochdruckpatienten (eigene Darstellung, 2018)

Autoren	- Timm H. Westhoff, Sven Schmidt, Viola Gross, Marian Joppke, Walter Zidek, Markus van der Giet, Fernando Dimeo - Abteilung für Nephrologie und Abteilung für Sportmedizin
Erscheinungsjahr	2008
Versuchspersonen	- 24 Probanden (13 weiblich, 11 männlich) mit einem systolischen Bluthochdruck von mindestens 140 mmHg. - Ausschlusskriterien waren: kontinuierliche sportliche Bewegungen von mehr als 60 Minuten pro Woche in den letzten 12 Wochen vor Studienanfang, Herzmuskelerkrankungen, kognitives Herzversagen, systolischer Bluthochdruck mit Messwerten von > 180 mmHg, Änderungen in der Medikamenteneinnahme gegen Bluthochdruck sechs Wochen vor oder während der Studienaufnahme.
Versuchsaufbau	- 12-wöchiges Trainingsprogramm - vor Beginn des Trainingsprogramms wurde die Herzfunktion im Ruhezustand und unter Anstrengung untersucht - 2 Gruppen: Trainingsgruppe 7 weibliche und 5 männliche Probanden; Kontrollgruppe 6 weibliche und 6 männliche Probanden - vor und nach der Beobachtungsphase wurden Ergometer Training der unteren und oberen Extremitäten, Bluthochdruckmessungen und Messungen der Gefäßwandelastizität durchgeführt - Einstiegsbelastung: 25 Watt, alle 3 Min. Steigerung um 25 Watt bis zur

	Erschöpfung
	- Herzfrequenz und arterielle Bluthochdruck wurden in den Kapillargefäßen am Ende jedes Trainings gemessen
	- am Anfang wurde nach der Untersuchung ein zweiter Belastungstest durchgeführt (Oberkörpertrainers), um Trainingsintensität und die maximale Belastung der oberen Extremitäten zu messen
	- der Test wurde mit einem Widerstand von 12,5 Watt und 80 – 90 Umdrehungen pro Minute begonnen und alle 3 min um 12,5 Watt bis zur Ermüdung gesteigert
Ergebnisse	- zunächst keine Unterschiede bei beiden Gruppen
	- das Übungsprogramm bewirkte eine signifikante Senkung des systolischen (134,0 +- 20,0 bis 127,0 +- 16,4 mmHg; P=0,03) und diastolischen Blutdrucks (7,0 +- 21,6 bis 67,1 +- 8,2 mmHg; P=0,02) und eine deutliche Verbesserung der C^2 (3,5 +- 1,6 bis 4,8 +- 2,0 ml/mmHg x 100; P=0,004)
	- Die Körperliche Leistungsfähigkeit und HF während eines Belastungstest der unteren Extremitäten, blieb unverändert
	- Maximale Belastungsfähigkeit bei Ergometrie der oberen Extremitäten nahm maßgeblich zu
	- Blutdruck und vaskuläre Parameter blieben bei der Kontrollgruppe unverändert
	- regelmäßiges aerobes Training der oberen Extremitäten führte zu einer deutlichen Senkung des systolischen und diastolischen Blutdrucks
	- Armtraining ist eine sinnvolle Alternative für Menschen mit Bluthochdruck, die durch Sport ihren Bluthochdruck unter Kontrolle halten möchten

Tabelle 18: Studie zum Thema Effekte eines 12-wöchigen Ausdauertrainings auf die körperliche Leistungsfähigkeit und den psychischen Zustand von Patienten mit isolierter systolischer Hypertonie (eigene Darstellung, 2018)

Autor	- Meißner, R (Gutachter: Dimeo C., Predel G., van der Giet, M.)
	- Medizinischen Fakultät Charité – Universitätsmedizin Berlin
Erscheinungsjahr	2011
Versuchspersonen	- 51 Patienten Alter >_60 Jahre
	- isolierter systolischer Bluthochdruck (systolisch > 140 mmHg, diasto-

	lisch 180 mmHg, - Ausschlusskriterien: u.a. regelmäßige sportliche Betätigung innerhalb der letzten 12 Wochen vor Beginn der Studie, Veränderungen der medikamentösen antihypertensiven Therapie in den letzten 6 Wochen, Herzinsuffizienz, Ischämiezeichen im EKG der Eingangsuntersuchung
Versuchsaufbau	- 12-wöchiges Trainingsprogramm: 3x pro Woche = 36 Trainingstage - alle Patienten wurden mit einem bis zu fünf antihypertensiven Medikamenten behandelt, jeder Teilnehmer nahm durchschnittlich drei verschieden Antihypertensiva ein - 2 Gruppen aufgeteilt in Kontrollgruppe: 27 Personen (11 Männer und 16 Frauen) → führt keinen Sport durch und in Trainingsgruppe: 24 Personen (13 Männer und 11 Frauen) - vor Beginn der Studie erfolgte eine Eingangsuntersuchung: Laufband-Spiroergometrie, eine 24- Stunden- Langzeitblutdruckmessung und eine Echokardiografie des Herzens - Teilnehmer liefen auf Laufband 3 Meilen pro Stunde, alle 3 Minuten wurde die Steigung um 2,5 Prozent erhöht bis zur vollständigen Erschöpfung - danach wurde Blutdruck, Herzfrequenz, Laktatkonzentration und die subjektive Befindlichkeit nach der Borg-Skala bestimmt - der Belastungsumfang wurde systematisch gesteigert - in der 1. Einheit fand 5 x 3 min; 2. Einheit 4 x 5 min; 3. Einheit 3 x 8 min; 4. Einheit 3 x 10 min und in der 5. Einheit 2 x 15 min durchgehende Belastung von 30 – 40 Minuten statt - zwischen einzelnen Belastung gab es Pause von über 3 min - in der Pause gingen sie die Hälfte ihrer Trainingsgeschwindigkeit
Ergebnisse	- Leistungsfähigkeit der Trainingsgruppe verbessert sich von $153,4 \pm 12,4$ auf $197,7 \pm 11,1$ Watt, der systolischen Blutdruck hat sich von $185,2 \pm 5,7$ auf $153,8 \pm 5,9$ mmHg verbessert, der Laktatwert veränderte sich von $1,6 \pm 0,2$ auf $0,9 \pm 0,04$ mmol/l, die Herzfrequenz veränderte sich von $111,4 \pm 3,7$ auf $92,9 \pm 2,8$ /min, und auch die Borg-Werte veränderten sich positiv von $11,9 \pm 0,3$ auf $8,4 \pm 0,5$ - in der Kontrollgruppe trat nur beim systolischen Blutdruck eine signifikante Veränderung von $189,3 \pm 5,6$ auf $167,1 \pm 5,3$ mmHg auf. - Die Durchführung der Studie gibt Anlass zu weiteren Untersuchungen des positiven Effektes körperlicher Aktivität bei Patienten mit einer isolierten systolischen Hypertonie

5 Literaturverzeichnis

Blutdruckdaten. 2018. (Zugriff am 28.05.2018). Verfügbar unter:
https://www.blutdruckdaten.de/lexikon/blutdruck-normalwerte.html

Cora-Health. 2018. (Zugriff am 28.05.2018). Verfügbar unter:
https://www.cora.health/de/ratgeber/puls-normalwerte/

Deutsche Adipositas Gesellschaft. 2018. (Zugriff am 28.05.2018). Verfügbar unter:
http://www.adipositas-gesellschaft.de/index.php?id=39

Hoffmann, G. (2001). Hypertonie und Sport [Abstractband]. Deutsche Zeitschrift für
Sportmedizin, 52 (7-8), 20.

Hottenrott, K. (2006). Trainingskontrolle mit Herzfrequenz-Messgeräten. Aachen:
Meyer & Meyer.

Institut für Prävention und Nachsorge (IPN). (2004). IPN-Test® - Ausdauertest für den
Fitness- und Gesundheitssport. Köln: Institut für Prävention und Nachsorge.

Meißner, R. (9. September 2011). Effekte eines 12-wöchigen Ausdauertrainings auf die
körperliche Leistungsfähigkeit und den psychischen Zustand von Patienten mit isolierter systolischer Hypertonie. Aufgerufen am 03.06.2018 unter:
https://refubium.fu-berlin.de/handle/fub188/9288

Westhoff, T., Schmidt, S., Gross, V., Joppke, M., Zidek, W., van der Giet, M., &
Dimeo, F. (2008). Auswirkungen von aerobem Training der oberen Extremitäten auf
Herz und Gefäße bei Bluthochdruckpatienten; Aufgerufen am 03.06.2018 unter:
https://www.ncbi.nlm.nih.gov/pubmed/18551008

Zintl, F. & Eisenhut, A. (2009). Ausdauertraining. Grundlagen – Methoden – Trainings-
steuerung (7. Überarb. Aufl.). München: BLV Sportwissen.

6   Abbildungs- und Tabellenverzeichnis

6.1   Abbildungsverzeichnis

6.2   Tabellenverzeichnis

BEI GRIN MACHT SICH IHR WISSEN BEZAHLT

- Wir veröffentlichen Ihre Hausarbeit,
  Bachelor- und Masterarbeit

- Ihr eigenes eBook und Buch -
  weltweit in allen wichtigen Shops

- Verdienen Sie an jedem Verkauf

Jetzt bei www.GRIN.com hochladen
und kostenlos publizieren